Alfred de la Barre de Nanteuil

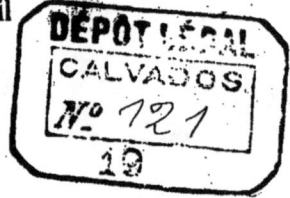

LE

CHATEAU DE TONQUÉDEC

Notice Archéologique

CAEN

HENRI DELESQUES, IMPRIMEUR-ÉDITEUR

34, RUE DEMOLOMBE, 34

1911

Alfred de la Barre de Nanteuil

LE

CHATEAU DE TONQUÉDEC

Notice Archéologique

CAEN

HENRI DELESQUES, IMPRIMEUR-ÉDITEUR

34, RUE DEMOLOMBE, 34

1911

Extrait du Bulletin Monumental. — Année 1911.

LE CHATEAU DE TONQUÉDEC [1]

Sur la rive droite du Léguer, à deux bonnes lieues au sud et en amont de la ville de Lannion et, suivant la règle, au sommet de l'éperon formé par un petit affluent, le château de Tonquédec domine de ses belles ruines un site magnifique. Son plan rappelle plutôt celui de Coucy, mais on l'a souvent appelé le Pierrefonds de la Bretagne, peut-être parce que les deux constructions sont sensiblement et en partie contemporaines. En fait, il compte parmi les plus beaux témoins de la féodalité bretonne.

Aux notices dont il avait déjà fait l'objet, M. de La Borderie a apporté des corrections capitales, et, notamment, la date de fondation de l'édifice actuel. Mais il n'a cité que deux campagnes de construction et s'est trompé dans leur répartition sur le terrain. En réalité, il y en a au moins quatre. J'ai été assez heureux pour trouver les deux dates principales qui manquaient encore et pour découvrir sous les revêtements de la première campagne quelques vestiges des fortifications antérieures dont on avait été, faute

---

[1] Côtes-du-Nord, arrondissement de Lannion, canton de Plouaret.

de renseignements, jusqu'à suspecter l'emplacement (1). Ainsi, bien servi par le hasard qui n'est pas toujours si clément aux chercheurs, j'ai tenté de continuer l'œuvre de mes devanciers. Le sujet n'est d'ailleurs pas épuisé. Par exemple, un certain *collage* dans le magasin demeure inexpliqué et l'origine des constructions primitives est toujours inconnue. On aurait donc le droit de fonder quelque espoir sur des fouilles qu'il reste à entreprendre.

Histoire.

Nous ne savons rien de la fondation de Tonquédec. On avait voulu voir dans ce nom l'indication d'une origine militaire (*traon*, vallée, *guedec*, garde), mais M. J. Loth démontre que cette étymologie est impossible et qu'il n'y a là qu'un nom d'homme devenu nom de lieu (2).

Il n'a pas été signalé dans les textes avant le XIII° siècle. Alain, vicomte de Tonquédec, paraît, en 1231, dans une donation de son père, Geslin, à l'abbaye de Beauport (3). Il était du sang des ducs de Bretagne, de la maison de Rennes, et *juveigneur* de cette célèbre branche de Penthièvre dont la puissance venait d'être abattue en la personne d'Henri d'Avaugour, son cousin germain (4). On sait que ce malheureux prince, fiancé d'abord à l'héritière du duché, s'étant ensuite vu ravir, par le Capétien Pierre

(1) J. Geslin de Bourgogne et A. de Barthélemy : *Anciens évêchés de Bretagne, Histoire et monuments;* Saint-Brieuc, 1855-1879, 6 vol. in-8°, t. V, p. 157.

(2) Je tiens à remercier spécialement le savant professeur de philologie celtique au Collège de France d'avoir bien voulu me communiquer ses conclusions sur ce point. *Tonkedec*, dit-il, nom d'homme, dérivé de *Tonket*, destinée, a dû passer par la forme primitive de *Tonkadoc*. Je la trouve en effet dans une charte de 1231.

(3) Geslin de Bourgogne et A. de Barthélemy, *op. cit.*, t. IV, p. 91.

(4) *Ibid.*, t. IV, p. 75, 78, 83, 95.

Mauclerc, la couronne et sa future épouse, était alors dé-
pouillé de ses propres biens et réduit au Goëlo. Tonquédec,
sous la châtellenie de Lannion, n'appartenait pas à ce comté,
comme la seigneurie de Coëtmen, dont Alain est qualifié
vicomte à partir de 1257. Se fondant sur ce fait et sur une
enquête par témoins de la fin du XV⁰ siècle (1), les histo-
riens bretons ont admis, malgré le silence des chartes, que
le père d'Alain, Geslin, avait reçu Coëtmen, en apanage,
d'Henri d'Avaugour, son neveu et chef de maison, tandis
qu'il aurait acquis par alliance le fief éloigné de Tonquédec.
Alain, qui fut, en effet, vicomte de Tonquédec du vivant de
son père, aurait hérité de Coëtmen à la mort de celui-ci (2).

Quoi qu'il en soit, le rameau dont Alain fut la tige et qui,
pendant près de trois siècles, donnera ses seigneurs au
château de Tonquédec, porte dans l'histoire le nom de
Coëtmen. C'est même dans l'établissement de leur chronolo-
gie une cause fréquente d'incertitude, les deux fiefs n'ayant
pas été constamment réunis sur la même tête.

Rolland, Prigent, Gui, Rolland II nous conduisent à
Rolland III qui, tenant pour Clisson contre le duc de Bretagne, Jean IV, se vit prendre son château de Tonquédec par Alain du Perrier (3), maréchal de Bretagne, et
« démolir et abattre ledit chastel » par ordre du duc de Bretagne, en 1395. C'est de cette place forte que j'ai retrouvé
quelques restes sous les parements des constructions qui

(1) 1486, Geslin de Bourgogne et A. de Barthélemy, *op. cit.*, t. VI,
p. 245 à 253.

(2) Une enquête antérieure (26 nov. 1419), que je crois inédite, témoigne
dans le même sens. Bibl. nat., fr. 22318 (Blancs-Manteaux, 35), p. 1 et 3.

Une généalogie de *Penteure-Coëtmen*, attribuée à Dom Lobineau, pré-
tend même que les titres de l'abbaye de Beauport qualifient Geslin « mary
de la vicomtesse de Tonquédec». (Bibl. nat., fr. 18711, p. 165.) Mais il faut
sans doute entendre par là l'enquête faite à ladite abbaye en 1486. Cf.
note 1.

(3) D'Argentré : *Histoire de Bretaigne*, 1604, f⁰ 532.

s'élevèrent au siècle suivant, mais je n'ai pu en découvrir les origines.

Le traité d'Aucfer (19 oct. 1395), qui mit fin aux hostilités et ramena pour jamais Rolland III à son prince, stipulait spécialement : « le dit comte de Penthèvre obéira, nonobs-« tant la démolition et abatue du chastel de Tonquédeuc, « et sans ce que le dit comte en face jamais demande au dit « Duc, ne à autre à cause de luy. Et aussi fera le sire de « Cliczon. » Par cette clause, le vainqueur parait aux demandes d'indemnités futures (1). Pendant la minorité de Jean V, Rolland n'en obtint pas moins du duc de Bourgogne, tuteur du jeune duc, qui, lui-même, faisait réparer ses forteresses de Bretagne, trois mille livres « par cause de la démolicion de son chastel de Tronquédec » (22 nov. 1406) (2).

Rolland III dut entreprendre dès cette époque la reconstruction du château qui dura sans doute plusieurs années, et dont le plan comprenait une seule enceinte avec forte tour d'angle commandant le plateau et donjon extérieur à la pointe de l'éperon. Contrairement à l'opinion de M. de La Borderie (3), l'œuvre de Rolland III ne nous est pas parvenue entière, le front ouest, comme je le prouverai, ayant fait place vers 1474, sous le vicomte Jean II, au beau corps de logis qui borde aujourd'hui la vallée du Léguer.

Ollivier et Rolland IV relient Rolland III à ce second constructeur du château actuel, Jean II, qui profita de la

---

(1) Cf. A. de La Borderie : *Les monuments de l'architecture militaire du moyen âge en Bretagne*, dans le *Bull. archéol. de l'Assoc. Bretonne*, 3e série, t. V, 1885, p. 188, note 2.

(2) Arch. de la Loire-Inférieure, E. 209; quittance publiée par A. de La Borderie, dans le *Bull. archéol. de l'Assoc. Bretonne*, 3e série, t. XII, 1893-1894, p. 161.

A. de Barthélemy : *Généalogie historique des sires de Coëtmen...*, dans la *Rev. nobil.*, 1865, dit, sans référence, que Rolland reçut, en 1408, « mille livres pour l'aider à réparer Tonquédec ».

(3) *Les mon. de l'arch. mil...*, loc. cit., p. 188-189.

trêve consécutive à la coalition féodale de 1472, pour mettre les défenses en état de répondre aux progrès de l'artillerie et le palais seigneurial au goût du jour. Par tout le duché, en ces temps relativement paisibles, les ingénieurs militaires donnaient l'exemple : à Josselin, Quintin, Montauban, au Tiercent, à Ancenis, Kerouzéré (1458-59), à Malestroit (1463), à Rieux, Dinan, Clisson (1469) et ailleurs (1), à Nantes même, où Jean, membre du Conseil et chambellan du duc, avait pu voir s'élever le célèbre « Grand Logis » (1466). Plus récemment encore, il avait reçu mandement d'examiner les réparations notoires à faire à la ville de Dol (1472).

A son tour, il demanda et obtint, le 19 novembre 1473, l'octroi « d'un debvoir de billot au XXe sur les vins et « autres bevaiges vendus et détaillez en la chatellenie et sei- « gneurie de Toncquedec..... jusques au temps de trois ans « commançant au 1er jour de janvier prochain venant..... « pour en estre les deniers emploiez à la fortiffication et « emparement de ladite place de Toncquédec et non « ailleurs. » (2) C'est alors, sans doute, qu'il fit construire, dans un bel appareil très caractéristique, sur le front occidental du château de Rolland III, le bâtiment d'habitation dont les larges baies s'ouvrent sur la vallée, avec la tour qui le termine au sud, et commencer une enceinte extérieure, basse, flanquée de tours, bordée de fossés, et destinée au tir rasant de l'artillerie. Mais cette enceinte, élevée seulement sur une fraction de son périmètre et la moitié de

(1) Bibl. nat., ms. fr. 16821, *passim*.

(2) Arch. de la Loire-Inférieure, B. 7, f° 163, v°. Cette analyse est mentionnée dans d'anciens inventaires de la Chambre des comptes de Bretagne, Bibl. nat., ms. fr. 16821, f° 168, v°, et ms. fr. 22318, p. 568.

M. de La Borderie, en attribuant au règne de François II la basse-cour du château, ce qui est à la fois trop et pas assez dire, annonçait une preuve écrite qu'il n'a pas, à ma connaissance, publiée. (*Les mon. de l'arch. mil...*, loc. cit., p. 189.)

sa hauteur, ne fut pas terminée, comme le prouve aujourd'hui
l'absence de remplois dans les parties postérieures cons-
truites en blocage.

Jean II, ayant perdu son fils Louis, fut le dernier vicomte
de Tonquédec du nom de Coëtmen. Il mourut en 1496, et
Gilette, sa fille, porta le château à Jean VI d'Acigné, riche
seigneur que ses biens de Haute-Bretagne détournèrent de
Tonquédec. Son petit-fils, Jean VIII, finit par le vendre
vers 1573 (1).

Mais la vicomté fut réclamée en retrait lignager par la
nièce du vendeur, Claude du Chastel. Son mari, Charles
Gouyon, baron de La Moussaye, rendit la vie au château, sans
y demeurer toutefois. Il raconte lui-même (2) avoir fait « rédi-
fier à Tonquédec » en un temps qu'il faut, d'après le con-
texte, placer entre 1577 et 1582. Son œuvre, qu'aucun
archéologue n'avait encore signalée, est bien facile à déli-
miter.

L'enceinte inachevée par Jean II de Coëtmen fut mise en
état de résister à une surprise, la porte voûtée, les tours et
les courtines couronnées et réunies aux tours d'angle du
château, du côté de l'ouest par une nouvelle courtine flanquée d'une tour ouverte à la gorge, du côté de l'est par un
retour d'équerre, le tout en blocage percé d'embrasures
pour l'artillerie.

Quand vinrent les guerres de la Ligue, Charles Gouyon
put faire de la place un point d'appui royaliste, mais les
fortifications nouvelles ne semblent pas avoir été mises à
l'épreuve d'un siège. Les soldats de la garnison se signa-
lèrent surtout par des pillages et des coups de main sur
des points très divers et souvent fort éloignés.

(1) Après la Saint-Barthélemy (24 août 1572), vers la fin du siège de La
Rochelle (6 juillet 1573). Cf. G. Vallée et P. Parfouru : *Mémoires de
Charles Gouyon, baron de La Moussaye (1553-1587), publiés d'après le
manuscrit original;* Perrin, 1901, in-8°, p. 122.

(2) *Ibid.,* p. 128.

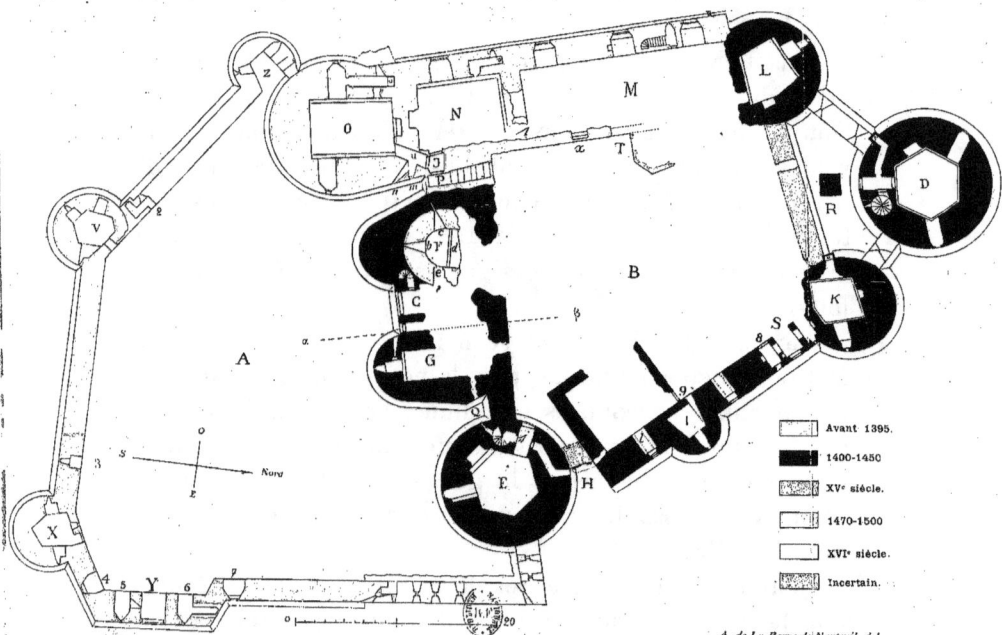

PLAN DU CHATEAU DE TONQUÉDEC

A. de La Barre de Nanteuil, del.

Avant 1395.
1400-1450
XVe siècle.
1470-1500
XVIe siècle.
Incertain.

En 1636, le marquis de La Moussaye, Amaury, petit-fils de Charles, vendit la vicomté de Tonquédec à René du Quengo, comte du Rochay. Elle demeura jusqu'à nos jours dans cette ancienne maison qui en porte le nom encore aujourd'hui.

Le château échappa aux démolisseurs du XVIIᵉ siècle. A la fin du XIXᵉ siècle, le marquis de Kerouartz le sauva de la ruine définitive en le rachetant à des marchands de biens. Il est à l'heure actuelle la propriété de son gendre, le comte Pierre de Rougé.

Le château du XIVᵉ siècle.

Du château qui fut rasé en 1395, il ne semble rien subsister qui ne soit recouvert par celui que Rolland III de Coëtmen construisit au commencement du XVᵉ siècle. Mais la tour semi-circulaire F qui flanque à gauche la porte C (1) enveloppe les restes d'une autre tour de même forme, dont le rayon mesurait 4^m30 environ et l'épaisseur des murs 2^m20, et qui remonte à cette époque. Le plan de la salle intérieure à l'étage de la porte, aujourd'hui seule conservée, le prouve avec évidence : l'hémicycle, qui terminait une partie droite voûtée en berceau surbaissé, était éclairé au sud et dans l'axe par une archère b aujourd'hui bouchée par plus de quatre mètres de maçonnerie, à l'ouest par une autre archère c que l'on utilisa au XVᵉ siècle au moyen d'une simple lumière, de même hauteur et de 0^m15 de largeur, pratiquée sur 1^m95 dans son prolongement au travers du

(1) Voir le plan général. — Les Archives des Monuments historiques renferment un plan de Tonquédec dont je n'ai pas eu l'occasion de me servir pour le levé du mien, et une vue cavalière du château, œuvre d'un crayon très habile, mais projet de restauration plutôt que restitution archéologique. Publiés par Ét. Marcel, architecte, dans l'*Ami des Monuments et des Arts*, t. VI, 1892, p. 336, d'après lequel nous reproduisons, d'autre part, la vue cavalière.

2

nouveau rempart. Les défenses basses avaient cessé d'être usitées bien avant le commencement du XVᵉ siècle. De plus, le tracé périmétrique de cette tour, dont on connaît le centre qui correspond à celui de la salle supposée concentrique et deux points au sommet des deux archères, conduit à découvrir son parement appareillé, très visible au point *a*, sur lequel s'appuie le flanc gauche intérieur de la porte charretière.

Les assises, d'une hauteur moyenne de 0^m25, sont parfaitement dressées sur des lits de mortier assez minces.

Malheureusement l'écroulement du revers de l'ouvrage enveloppant a entraîné la ruine du revers de la tour enveloppée et ne permet pas de voir si elle flanquait elle-même une porte antérieure.

La voûte en blocage de la salle basse est aujourd'hui écroulée en arrière d'un arc-doubleau *d* dont le profil est un épannelage carré aux arêtes inférieures abattues. Une porte *e* amortie par un linteau conduisait, au XVᵉ siècle, de la salle au passage. Le sol, terrassé, ne paraît pas recouvrir de caves.

L'état actuel de la tour droite G de la porte fortifiée, symétrique de la précédente, mais comblée par les éboulements, nous prive d'y chercher d'autres restes du château du XIVᵉ siècle.

Il est possible que des fouilles bien conduites mettent au jour d'autres témoins des constructions primitives qui, peut-être, influèrent sur le nouveau plan.

Le château de Rolland III de Coëtmen.

En démontrant que Rolland III de Coëtmen reçut le 22 novembre 1406 trois mille livres d'indemnité à cause de la démolition de Tonquédec, M. de La Borderie supposait qu'il se préparait à le reconstruire. L'archéologie justifie son

Château de Tonquédec.

E. Marcel, del.

hypothèse, mais il attribuait à cette époque toute la deuxième enceinte : c'est une erreur. Sans compter les ruines antérieures que nous venons de voir noyées dans les fortifications nouvelles, on peut distinguer au moins trois campagnes de construction. La première, comprenant le donjon D, le front nord-est avec ses tours de flanquement I et K, la forte tour d'angle E, la porte fortifiée G C F et enfin la tour du nord-ouest L, a pour caractères constants l'appareil, les bases pleines et empattées, l'absence de percements dans les étages inférieurs, sauf sur les flancs de la porte, et leur sobriété relative dans les étages supérieurs sous la ligne continue des mâchicoulis, car les courtines sont flanquées par des tours qui ne les commandent pas, la tour d'angle et le donjon exceptés. C'est cette campagne qui suivit l'indemnité de 1406.

La refaçon de la courtine du nord qui relie les tours K et L en s'appuyant sur leurs parements, prouvée par les latrines de la tour K qu'elle recouvre en partie, peut en constituer une seconde. Des mâchicoulis absolument semblables à ceux de la première la couronnent, mais le blocage a remplacé l'appareil. Le bâtiment d'habitation qui s'y adossait est aujourd'hui complètement ruiné et il n'est pas facile de le dater avec précision.

La troisième campagne, au contraire, qui comprend tout le front ouest M N O P, nettement caractérisée par l'absence de défenses supérieures et la réapparition des défenses inférieures, leur disposition pour de petites armes à feu, les larges percements, la beauté de l'appareil et l'amélioration des aménagements, est postérieure aux perfectionnements de l'artillerie et doit être attribuée à Jean II de Coëtmen. On sait qu'il entreprit en 1473 de fortifier Tonquédec et nous verrons d'ailleurs qu'une partie de la première enceinte fut aussi son œuvre.

Plan. — Ainsi, du château de Rolland III, il nous manque la face occidentale. Mais les pentes abruptes qui la bordent en commandent le plan. Comme aujourd'hui, déduction faite de la première enceinte qui n'existait pas, Tonquédec affectait donc, au commencement du XVe siècle, la forme d'un trapèze dont la petite base faisait face au nord, la grande au sud, les côtés à l'est et à l'ouest. Le front nord, modifié par la suite, mesurait entre les tours une quinzaine de mètres, le front nord-est une trentaine, et le front sud, probablement un peu moins.

Un donjon D, absolument isolé, car les courtines basses qui le relient actuellement aux tours L et K datent du XVI siècle, s'élevait au nord des tours L et K, en dehors de l'enceinte, au sommet de l'éperon qui sépare les deux vallées. Le pont-levis qui le faisait communiquer avec la place venait, en se baissant, reposer sur une pile de maçonnerie élevée au milieu du fossé. Celle-ci recevait également le pont-levis de la courtine opposée qui en était probablement plus éloignée que la courtine actuelle.

Selon la coutume, la tour d'angle E, à l'est, était particulièrement forte pour commander le plateau. Elle pouvait même servir de réduit, étant séparée de l'enceinte par un fossé que fermaient aux deux extrémités les tronçons de courtines H et Q, et sur lequel on jetait un pont-levis.

La porte, entre ses deux tours, occupait le milieu du front sud G C F.

Enfin, le côté de l'ouest, rebâti à la fin du XVe siècle, nous demeure inconnu.

Appareil et marques de tâcherons. — Le château de Rolland III est construit en granit, l'extérieur est appareillé par lits d'assises dont la hauteur varie entre 0^m 20 et 0^m 40. La longueur des pierres, dont la moyenne est d'environ 0^m 60, atteint rarement 0^m 90. Des lamelles de pierre, généralement de schiste ardoisier, sont noyées dans le mortier entre chaque assise. Ce mode de construction ne fut donc pas absolument abandonné dès le XIII⁰ siècle, comme l'a dit Viollet-le-Duc, ni même au XIV⁰ siècle, comme l'a répété M. Choisy (1).

Les parements intérieurs sont en blocage, sauf quelques chaînes, jambages de portes, embrasures, parois de passages, etc.

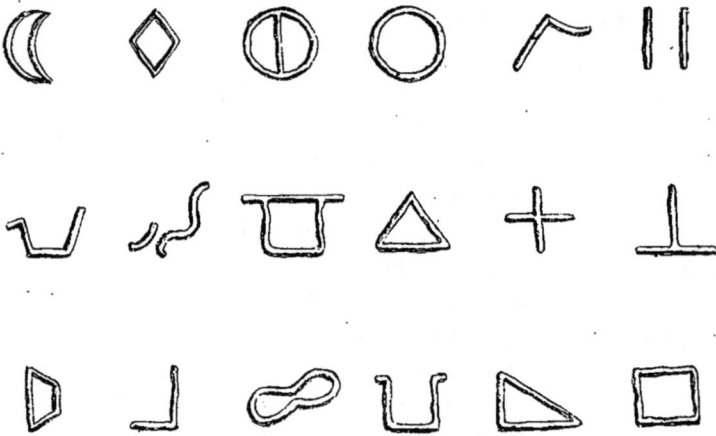

Marques de tâcherons.

Les marques de tâcherons sont visibles en assez grand nombre à l'intérieur, au contraire du dehors exposé à l'érosion des eaux de pluie. Très profondes à cause de la grosseur du grain de la pierre, elles sont un élément de date beaucoup moins sûr que dans des régions de pierre calcaire. Entre ces marques, par exemple, celles du château de Guin-

(1) Voyez, par exemple, l'enceinte de Morlaix. Il n'est d'ailleurs pas certain que ce procédé ait encore ici pour objet la résistance à la sape, car cet archaïsme se retrouve dans l'architecture civile et religieuse de Bretagne jusqu'à la période moderne.

gamp et celles de la première enceinte de Tonquédec, qui s'échelonnent du commencement à la fin du XVe siècle, les différences sont insensibles. L'épaisseur du trait peut aller jusqu'à 0^m 010, la profondeur jusqu'à 0^m 005. Elles sont nombreuses dans le donjon et rares dans la tour d'angle.

Donjon. — Le donjon D, qui offre cette singularité de ne pas commander le côté vulnérable de la place, suffisamment défendu par la tour d'angle, élève à l'autre extrémité, en dehors de l'enceinte (1) dont un fossé le sépare, sa masse cylindrique large de 13^m 60 hors-d'œuvre, non compris le talus de maçonnerie qui empatte sa base, et haute de 21 mètres sous parapet.

Un double pont-levis faisait, comme je l'ai déjà dit, communiquer, par l'intermédiaire d'une pile R, haute d'une dizaine de mètres (2), le sommet de la courtine, soit un étage au-dessus de l'esplanade, avec le second étage de la tour, cas particulièrement tardif de la persistance des traditions romanes. C'était le seul moyen d'accès du donjon qui n'avait pas d'issue sur la campagne.

Par cette poterne en arc brisé, surmontée d'une rainure verticale pour l'arbre unique de son pont-levis, fermé par un seul vantail et barricadé par un madrier de section carrée, un passage voûté en berceau plein cintre *f*, et dont la largeur va en se rétrécissant de 1^m 35 à 1^m 28, conduit à la salle hexagonale du second étage. Une porte amortie par un arc brisé, ouverte à droite dans sa paroi, donne directement sur l'escalier dont la vis, partant de fond et prise dans l'épaisseur du mur, dessert les autres étages en montant ses 76 marches sans interruption jusqu'au comble. La cage est

(1) Comme à Aigues-Mortes et à Nesle-en-Dôle (Aisne).

(2) A rapprocher de la magnifique pile qui, sur une échelle plus vaste, faisait communiquer la ville et le château de Saône (Kalaat-Sahioun), en Syrie.

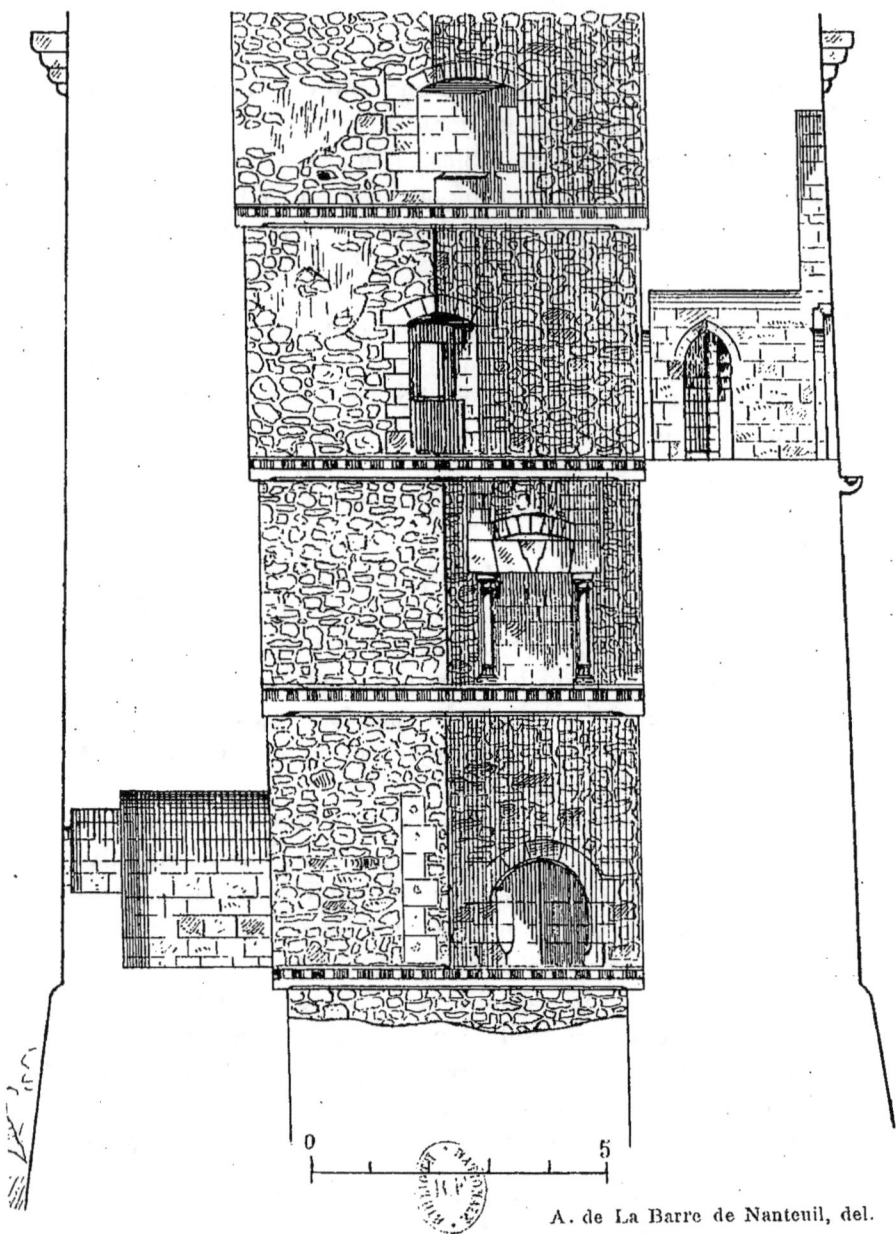

A. de La Barre de Nanteuil, del.

Château de Tonquédec.

Coupe du donjon.

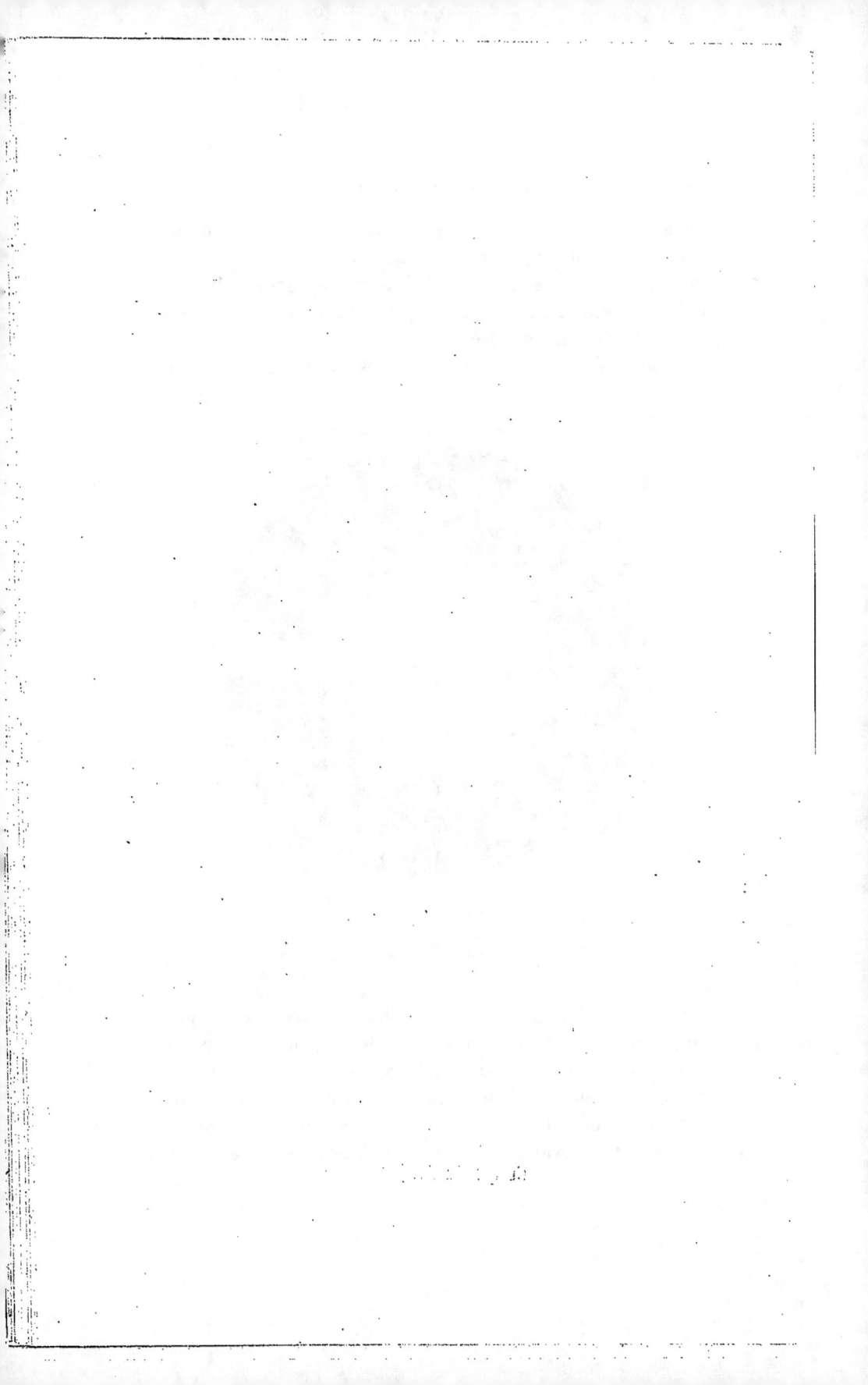

éclairée par quatre archères qui ne sont pas faites pour la
défense, comme le prouvent leur angle peu ouvert et
l'absence de plongée, malgré la hauteur au-dessus du sol.
De l'archère inférieure on a fait, à l'époque moderne, une
porte ouvrant dans le fossé.

Le plancher de la salle basse repose sur un retrait de

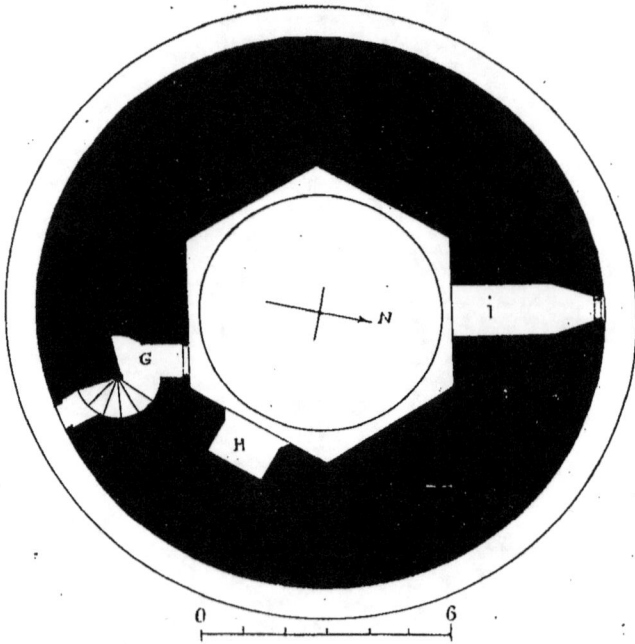

Plan de la salle basse du donjon.

la paroi dont le tracé circulaire s'inscrit dans l'hexagone du
rez-de-chaussée. C'est peut-être le témoin d'une salle ronde,
souterraine, aujourd'hui comblée, comme cela s'est fait
quelquefois des anciennes tours, lorsqu'il fallut compter
avec l'artillerie. Pas plus que les autres étages, le rez-de-
chaussée n'est voûté. Une porte g à linteau sur corbelets,

au pied de l'escalier, une fenêtre au nord, *i*, s'ouvrent sur la salle à six pans, chauffée par une cheminée *h* sans saillie ni hotte, à manteau lisse en arc surbaissé. Une chaîne d'angle en pierre appareillée est noyée dans le blocage du pan qui sépare la cheminée de la fenêtre. Elle porte les marques de tâcherons particulières au donjon et ne dépasse pas les niveaux du seuil et de la clef de voûte de l'embrasure voisine. C'est donc le piédroit d'une embrasure semblable, soit repentir, soit témoin de constructions antérieures revêtues par le donjon actuel.

Un palier de l'escalier communique par une porte en arc brisé avec la salle du premier étage qui offre les mêmes dispositions, mais s'éclaire à l'ouest sur la vallée et est pourvue de latrines. Des colonnettes, dont les chapiteaux sont des corbeilles rondes et nues, et les bases prismatiques, avec tore et cavet réunis par un angle droit, décorent les jambages de la cheminée, placée au-dessus de la précédente, et supportent un manteau en plate-bande appareillée. La hotte repose sur un arc de décharge.

Au second étage (1), deux fenêtres s'orientent est et ouest. La cheminée, sous un simple linteau, est plantée au sud-ouest, et un couloir coudé, débouchant dans le passage de la poterne en face de la porte de l'escalier, conduit aux latrines.

Enfin, le troisième étage, desservi directement par l'escalier au moyen d'une porte à linteau sur corbelets, comporte une fenêtre à l'est, des latrines et une cheminée au sud-ouest.

Toutes les fenêtres sont du même type, étroites, rectangulaires, au fond d'une large embrasure ($1^m 27$ pour une baie de $0^m 44$), profonde de toute l'épaisseur du mur ($3^m 60$ à $3^m 25$), généralement garnie de bancs de pierre et voûtée en berceau surbaissé (2).

(1) Voir le plan général.
(2) Celle de la salle basse est voûtée en berceau plein cintre.

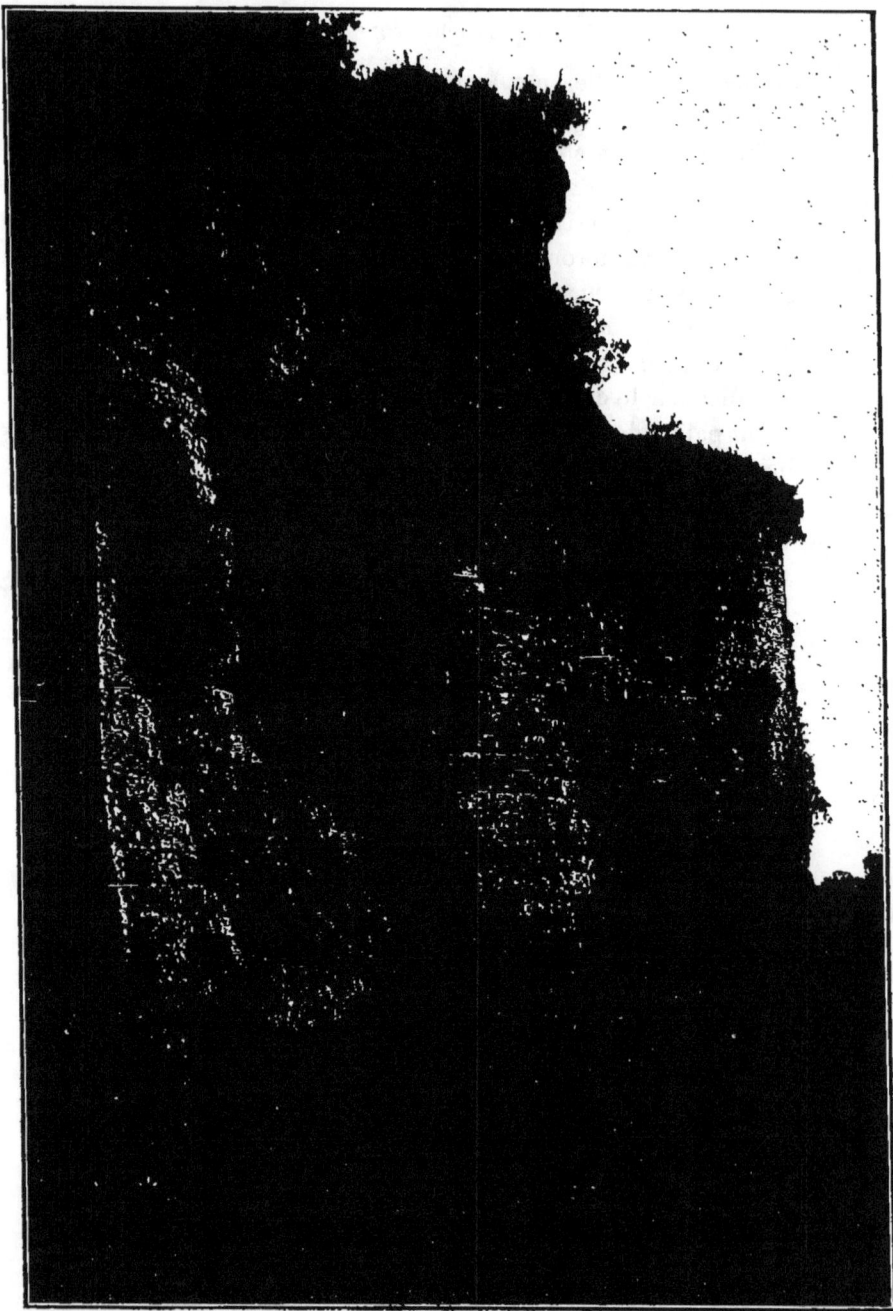

A. de La Barre de Nanteuil, phot.

Château de Tonquédec

Front nord-est.

Les latrines sont groupées de façon à couvrir un secteur minimum du fossé et plantées, comme l'escalier, du côté le mieux protégé du donjon.

De ses défenses, il ne reste que la ceinture de corbeaux de ses mâchicoulis ; ils se composent de quatre assises profilées en quart de rond, formant encorbellement sur les trois faces. M. E. Lefèvre-Pontalis a fait remarquer dans son cours combien ce type de corbeaux est fréquent en Bretagne (1) et en a signalé de semblables à Bonaguil. On en trouve aussi dans divers châteaux du XVIᵉ siècle, comme Chaumont et La Rochefoucauld. Il est probable qu'un étage en retrait et un double crénelage, comme à la tour d'angle, couronnaient le donjon.

Front du nord-est. — Au moins en ce qui concerne les parements, tout le front du nord-est est du même parti que le donjon. Appareil, hauteur et pente du glacis (2) sont rigoureusement semblables. C'est une construction homogène orientée du nord-ouest au sud-est et composée d'une courtine flanquée d'une tour ronde à son extrémité nord K et d'une tour en hémicycle I au dernier tiers de sa longueur. On y adossa un corps de logis dont il ne reste que les soubassements et dont le pignon sud-ouest à double rampant s'est écroulé au commencement de l'année 1910. Elle est un peu plus basse que le donjon, mais, comme à La Ferté-Milon, les corbeaux de ses mâchicoulis, du même type que ceux du donjon, avec trois assises seulement, couronnent d'une ligne horizontale ininterrompue les tours et courtines qui ne se commandent pas.

Au-dessus de sa base qui est pleine, un étage de plain-pied avec l'esplanade, et élevé d'une dizaine de mètres sur

(1) Coëtfrec, Combourg, Fougères, Clisson, Nantes, Elven, Pontivy, Sucinio, Vannes, etc.

(2) Pente, 6.

le fond du fossé, ne comportait d'ouverture que dans les deux tours. On y pratiqua par la suite, en divers points et notamment dans les angles, des canonnières à large ébrasement et forte plongée pour battre le pied du rempart.

Un premier étage sur l'esplanade, que j'ai figuré dans le plan d'ensemble, s'ouvre largement sur le vallon. Dans la tour du nord il comporte, comme au rez-de-chaussée, d'ailleurs, une salle pentagonale K non voûtée, éclairée par une fenêtre étroite à linteau, du type du donjon, avec embrasure à berceau plein cintre, mais orientée obliquement par rapport à la courtine, de façon à découvrir le plateau et, sans doute, concourir à la défense. Bien que le revers de la tour soit abattu, on peut admettre que cette salle communiquait avec le corps de logis.

Ensuite venait probablement la chapelle S, simple embrasure sous berceau brisé, ménagée dans l'épaisseur de la courtine (2ᵐ 13 de large sur 2ᵐ 40 de profondeur) et dont la fenêtre en arc brisé, où l'on retrouve la feuillure d'un vitrail fixe, a pu être le chevet orienté plus près du nord-est que de l'est. Une piscine décorée d'un trilobe est ménagée dans le flanc droit. Deux autres embrasures plus étroites (1ᵐ 50), sous berceau surbaissé, l'une et l'autre chauffées par une petite cheminée (0ᵐ 60) et faiblement éclairées par une très petite baie rectangulaire (1), flanquent à droite et à gauche la principale dont un mur de 0ᵐ 60 les sépare ; ces deux cloisons, aujourd'hui détruites, étaient encore en 1865 « percées d'ouvertures carrées placées à 0ᵐ 40 ou 0ᵐ 50 au-dessus » du sol (2). Il faut donc voir là deux logettes d'où l'on pouvait entendre l'office. Un jambage de la porte 8, par laquelle on accédait dans l'une d'elles, est encore visible.

(1) Celle de l'est était ruinée. L'architecte des Monuments historiques l'a refaite, en 1910, sur le type de l'embrasure symétrique, supposée pareille.

(2) A. du Châtellier : *Le château de Tonquédec*, dans le *Bulletin Monumental*, 1865, 4ᵉ série, t. I, p. 92. L'interprétation de cet auteur n'est pas acceptable, mais ses observations sont précises.

Donjon.

Tour d'angle de l'est.

Château de Tonquédec.

En outre, le corps de logis comprenait à ce même étage deux pièces principales séparées par un mur de refend, communiquant par la porte 9, dont il nous reste un pied-droit, et s'éclairant par deux fenêtres de part et d'autre de la tour en hémicycle I, dont l'une est ruinée et l'autre, *l,* à linteau, porte la trace d'un meneau transversal. Une porte étroite à linteau conduit de la première de ces deux pièces à l'intérieur de la tour en hémicycle I, dont les deux salles, superposées en forme de trapèze et non voûtées, comportent une fenêtre du type rectangulaire du donjon et de la tour nord, mais plus petite et ménagée dans l'axe à la différence de celle-ci. Toutes ces baies s'ouvrent au fond d'embrasures voûtées en berceau surbaissé et généralement garnies de bancs de pierre. L'épaisseur moyenne de la courtine est de 3ᵐ 20.

Enfin, une cheminée à linteau monolithe, encore visible en 1909 dans le pignon du sud-ouest, prouve qu'un étage supérieur régnait sous les combles. La porte qui le faisait communiquer avec le chemin de ronde existe encore à l'est de l'aplomb de la chapelle.

Le pan de mur H, qui relie à la tour d'angle le retour d'équerre de la courtine du nord-est, paraît homogène avec celle-ci, autant que permet d'en juger la ruine de son revêtement. Son revers est enterré sous les décombres.

Tour d'angle de l'est. — Pour commander les abords du château, on construisit une énorme tour d'angle E, plus haute que le donjon lui-même (22ᵐ 50 sous le chemin de ronde), de plan circulaire aussi, mais légèrement tronconique (1). Elle mesure 13ᵐ 15 de diamètre au-dessus d'un empattement plus élevé, mais moins incliné que celui du donjon (2). Différence plus caractéristique encore, elle est

(1) Pornic, Clisson.
(2) Talus de la tour d'angle : pente, 10 ; hauteur sur le fossé, 6ᵐ 50.
Talus du donjon : pente, 6 ; hauteur sur le fossé, 4 mètres.

pleine jusqu'à 10 mètres de hauteur environ au-dessus du
fossé, et sa salle basse, qu'un pont-levis relie à l'esplanade,
est au niveau du premier étage du donjon.

Ce pont-levis, dont témoigne suffisamment la rainure
verticale qui surmonte la poterne, retombait sur un fossé
aujourd'hui comblé, mais dont un observateur du commencement du XIXᵉ siècle, Freminville, nous apprend
que sa contrescarpe, revêtue, dessinait un arc de cercle
concentrique à sa tour et que les courtines H et Q,
encore existantes, en fermaient les extrémités (1). Le
parement interrompu de la tour bute sur le pan H qui
la relie au front du nord-est et qui lui est donc antérieur, tandis que le pan Q, qui la relie à la porte fortifiée, est un simple collage postérieur. Ces deux courtines
ont leurs revêtements arrachés.

La poterne en arc brisé, semblable à celle du donjon,
était fermée par un vantail dont on retrouve les traces de
scellement, et à un mètre au-dessus du seuil, les trous carrés pour la manœuvre de la barre transversale. Par cette
porte on pénètre dans un passage voûté en berceau plein
cintre qui conduit à la salle-basse et sur lequel s'ouvrent
deux portes à linteau sur corbelets. Celle de gauche mène,
par un couloir deux fois coudé, aux latrines, celle de droite,
surmontée d'un arc de décharge, à la vis de 54 marches,
ininterrompue, prise dans l'épaisseur du mur (3ᵐ 50),
éclairée par trois archères, qui dessert les autres étages.

Les trois salles à six pans, non voûtées, pourvues chacune de latrines et de cheminée, s'éclairent : celles du rez-de-
chaussée (2), au sud ; celle du premier étage, au sud et à l'est ;
celle du deuxième étage, à l'est et à l'ouest. Les baies qui
s'ouvrent au sud sur le plateau sont du même type que

(1) Le Chevalier de Freminville : *Antiquités de la Bretagne, Côtes-du-
Nord* ; Brest, 1837, in-8º, p. 42 à 48.

(2) Voir le plan général.

Château de Tonquédec.

A. de La Barre de Nanteuil, phot.

Front est.

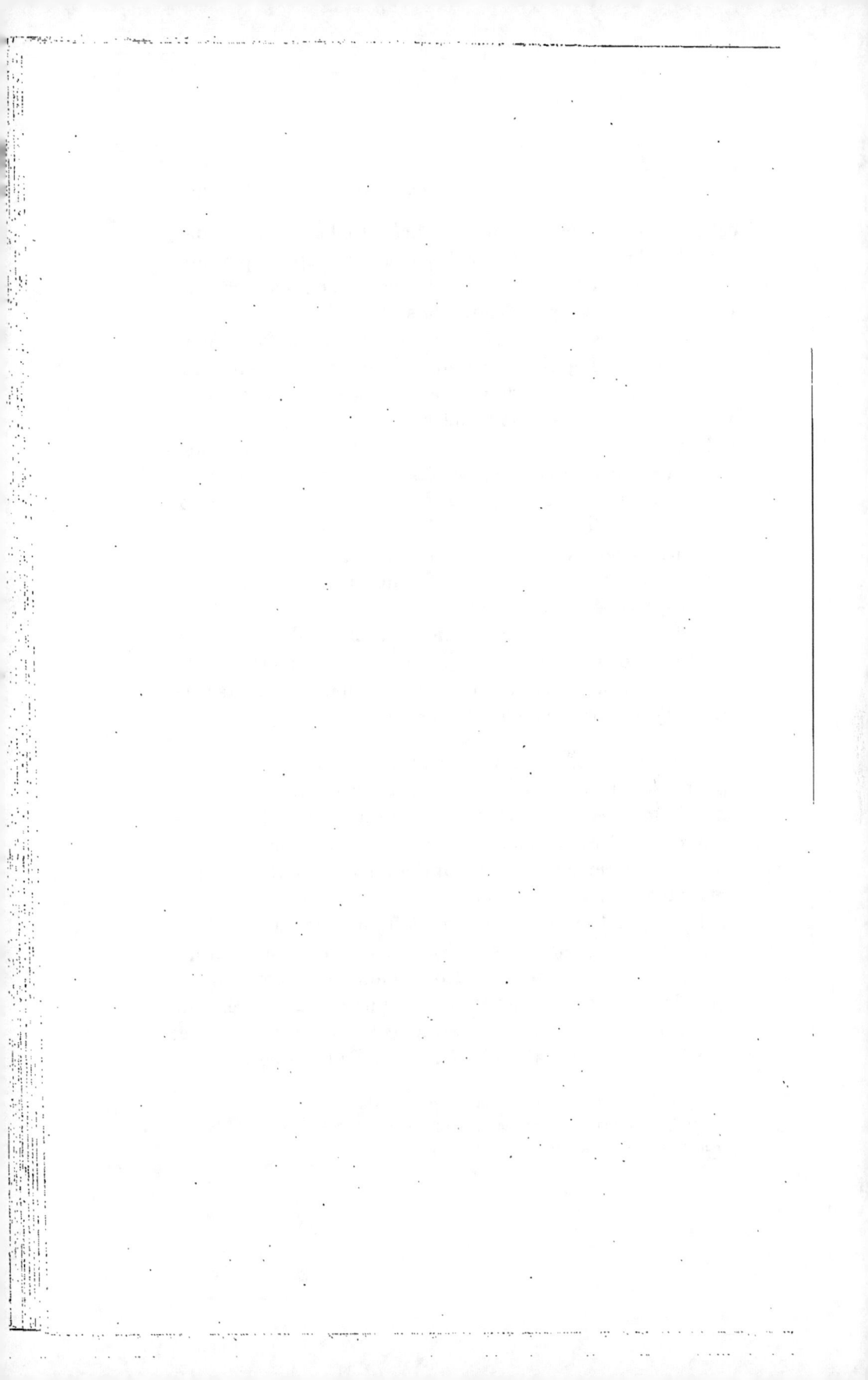

celles du donjon. Elles étaient grillées. Celles de l'est et de l'ouest, plus largement percées, sont recoupées par un meneau cruciforme. Toutes ont de larges embrasures voûtées en berceau plein cintre ou surbaissé.

Les latrines surplombent, à l'extérieur, l'angle formé par la courtine H. Les cheminées sont encadrées par un linteau en arc surbaissé, celle du rez-de-chaussée par une large et profonde voussure en plein cintre.

Une ceinture de mâchicoulis, dont il ne reste que les corbeaux à quatre assises, pareils à ceux du donjon, couronne la tour. D'un étage en retraite, caractéristique de la fin de la période gothique, il nous est parvenu de quoi reconnaître les baies qui s'ouvraient sur le chemin de ronde, les trous de la charpente qui l'abritait, et les ouvertures du crénelage supérieur.

Malgré les caractères particuliers de cette tour, son appareil, le type de ses cheminées, de ses percements, de ses mâchicoulis, et même quelques marques de tâcherons (1) se retrouvent dans le donjon.

Porte d'entrée. — Tout en se rattachant à la même campagne, les défenses de l'entrée sont postérieures à la tour d'angle de l'est. En effet, la rentrée du flanc droit de l'ouvrage a dû être commandée par un plan antérieur et surtout son parement s'interrompt devant la courtine Q qui, elle-même, bute sur la tour (2).

Pour pénétrer dans la place, on franchissait un fossé sur l'un des deux ponts-levis abaissés de la porte charretière, à gauche, ou de la poterne, à droite, l'une et l'autre amorties par des arcs en tiers-point. Les tabliers, manœuvrés l'un par deux, l'autre par un bras oscillant dans leurs rainures verticales profondes d'un mètre, venaient, en se relevant,

(1) Mais beaucoup moins nombreuses que dans le donjon.
(2) Voir le plan d'ensemble. L'étage du passage est figuré à l'ouest; l'étage supérieur à l'est de la ligne α β.

s'appliquer dans leurs encastrements en fermant la baie correspondante. Les supports des tourillons qui faisaient pivoter les bras sont intacts.

Dans les passages voûtés en berceau surbaissé, et dont il semble que le sol montait de l'extérieur vers l'intérieur, il n'y a ni herse, ni assommoir, ni trous pour madriers de barricade. Des vantaux les fermaient sommairement.

Deux tours en fer à cheval flanquent cette entrée. Une ceinture ininterrompue de mâchicoulis, répétant les consoles à trois assises du nord-est, la défend. Les sept annelets du blason de Coëtmen la surmontent.

A gauche, en entrant sous la voûte principale, une petite porte à linteau s'ouvre sur un escalier à vis qui descend à deux petits cachots ménagés sous le passage. Une archère pratiquée dans l'angle, à travers le glacis, éclaire les dernières marches, mais les cachots sont aveugles. Ils sont commandés l'un par l'autre et recouverts par des dalles dont les extrémités portent sur des corniches grossièrement épannelées en biseau. Au même niveau les bases des tours empattées sont pleines.

A l'étage au-dessus, celui du passage, la tour de l'ouest enveloppe la salle F du XIVᵉ siècle et utilise son archère prolongée C, comme il a été dit plus haut. Celle-ci, haute de 1ᵐ50, large de 0ᵐ15, débouche sur le flanc gauche, à 0ᵐ05 de l'angle formé par le collage du bâtiment de Jean II de Coëtmen. Une archère presque semblable (1ᵐ20 × 0ᵐ15) traverse le flanc droit de la tour de l'est G, malheureusement comblée par les décombres. Le mur de refend qui sépare la porte charretière du guichet se termine par deux pans dont l'un est décoré d'une tête plate.

Le revers de l'ouvrage, qui s'écroule, ne permet pas d'en restituer la disposition. Une porte en arc brisé, aujourd'hui à demi enfouie dans le sol, donnait sur l'esplanade.

Aux deux étages supérieurs correspond, dans chaque tour, une salle quadrangulaire éclairée dans l'axe et au sud

E. Lefèvre-Pontalis, phot.

Château de Tonquédec.
Porte méridionale.

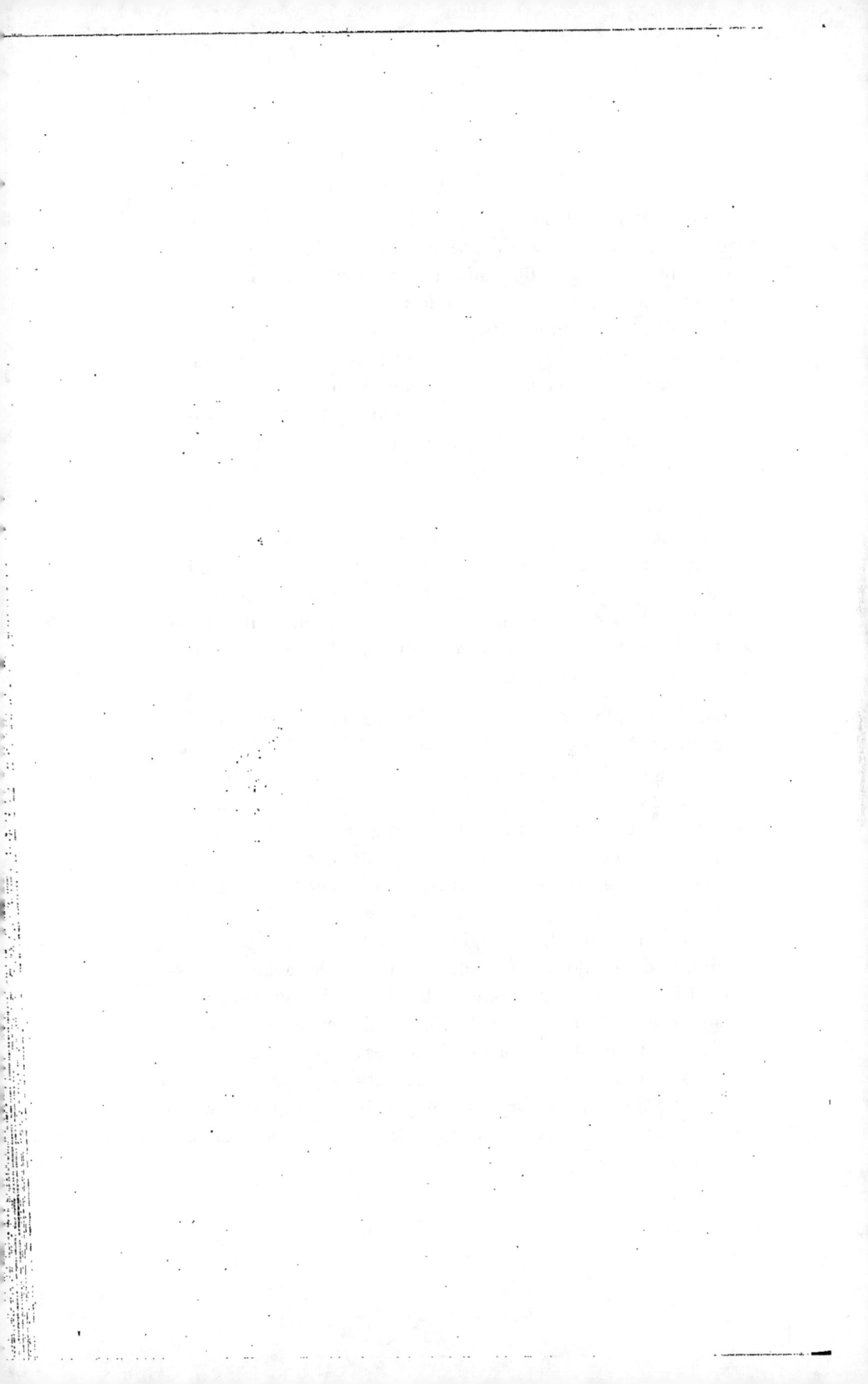

par une fenêtre grillée à linteau dont l'embrasure, voûtée en berceau plus ou moins surbaissé, est garnie d'un seul banc ; fenêtre analogue à celles du donjon, des tours nord et nord-ouest et de la salle basse de la tour d'angle.

Des salles du premier étage, et dans chaque angle, on perça, comme dans les tours du front nord-est, une canonnière ébrasée plongeant vers le talus de la porte.

Au même étage, des latrines qui pouvaient servir de bretèche surplombent le pan coupé du flanc est, dont la rentrée fait, avec la courtine Q, un angle très aigu.

Tour nord-ouest. — La tour du nord-ouest (diamètre 10^m 80) ressemble à sa voisine la tour du nord. Mêmes commandement, appareil, empattement, corbeaux de mâchicoulis et type de percements. Mais l'étage inférieur étant ouvert au lieu d'être plein, trois fenêtres rectangulaires à embrasures surbaissées éclairent au nord les salles à cinq pans. Le revers s'est écroulé.

Courtine du nord. — La courtine du nord, qui relie la tour du nord-ouest à la tour du nord, a été refaite. En effet, elle bute sur le parement de ces deux tours, emboîte les latrines de la tour du nord, et contraste d'ailleurs, par sa construction en blocage, avec l'appareil voisin. Toutefois, le profil et le niveau des corbeaux de mâchicoulis est le même. La refaçon est certaine, mais peut-être pas très tardive.

La courtine qu'elle remplaça devait être un peu plus éloignée du donjon. En effet, la pile sur laquelle s'abaissaient le pont-levis du donjon et celui de la courtine n'est distante de celle-ci que de 1^m 40, portée qui ne correspond guère à un support de plus de 2 mètres d'épaisseur.

Une baie en tiers-point, sous un dallage grossier, la traverse aujourd'hui, et du bâtiment d'habitation qui s'y adossait, il ne reste qu'un jambage de cheminée suspendu à son revers.

Constructions de Jean II.

J'ai dit que Jean II de Coëtmen fut autorisé à appliquer pendant trois ans, à partir du 1er janvier 1474, le produit de l'impôt du billot dans la châtellenie de Tonquédec à la fortification de la place. Il faut lui attribuer le corps de logis qui ferme, du côté de l'ouest, le château de Rolland III et une partie de l'enceinte avancée destinée à en renforcer l'entrée, mais qui ne fut terminée qu'au siècle suivant.

Front ouest. — Orienté du nord au midi, formant courtine, composé d'un corps de logis N M de plan rectangulaire et d'une tour en fer à cheval O au sud, sur un front total de 47 mètres, le bâtiment de Jean II est remarquable par une construction homogène qui tranche nettement avec celles qui l'ont précédée. L'architecte a baissé le commandement, augmenté l'épaisseur des murs du côté vulnérable (4m 10 dans la tour), percé les étages inférieurs pour des armes à feu, au-dessous de la crête du fossé, ménagé dans les parties hautes de larges perspectives sur la vallée et même sur le plateau, remplacé les mâchicoulis par un simple cordon mouluré en profil de talon, revêtu enfin ce véritable palais d'un appareil plus grand et mieux dressé sur des lits de mortier moins épais. La hauteur des assises varie de 0m 28 à 0m 45 et la longueur de certaines pierres atteint 1m 40 et même 1m 72. Tous les caractères de la seconde moitié du XVe siècle, consécutifs aux premiers perfectionnements de l'artillerie, sont là réunis.

Les marques de tâcherons sont rares. L'empattement de la base est très faible.

La tour du midi, au même niveau, et probablement sous le même comble que le bâtiment d'habitation, fait corps avec lui et forme, sur le front sud de l'ancien château, un

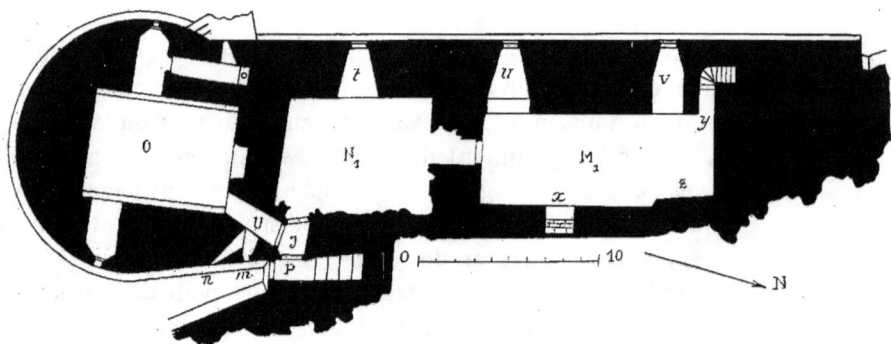

A. de La Barre de Nanteuil, del.

Château de Tonquédec.
Tour du midi et bâtiment de Jean II.

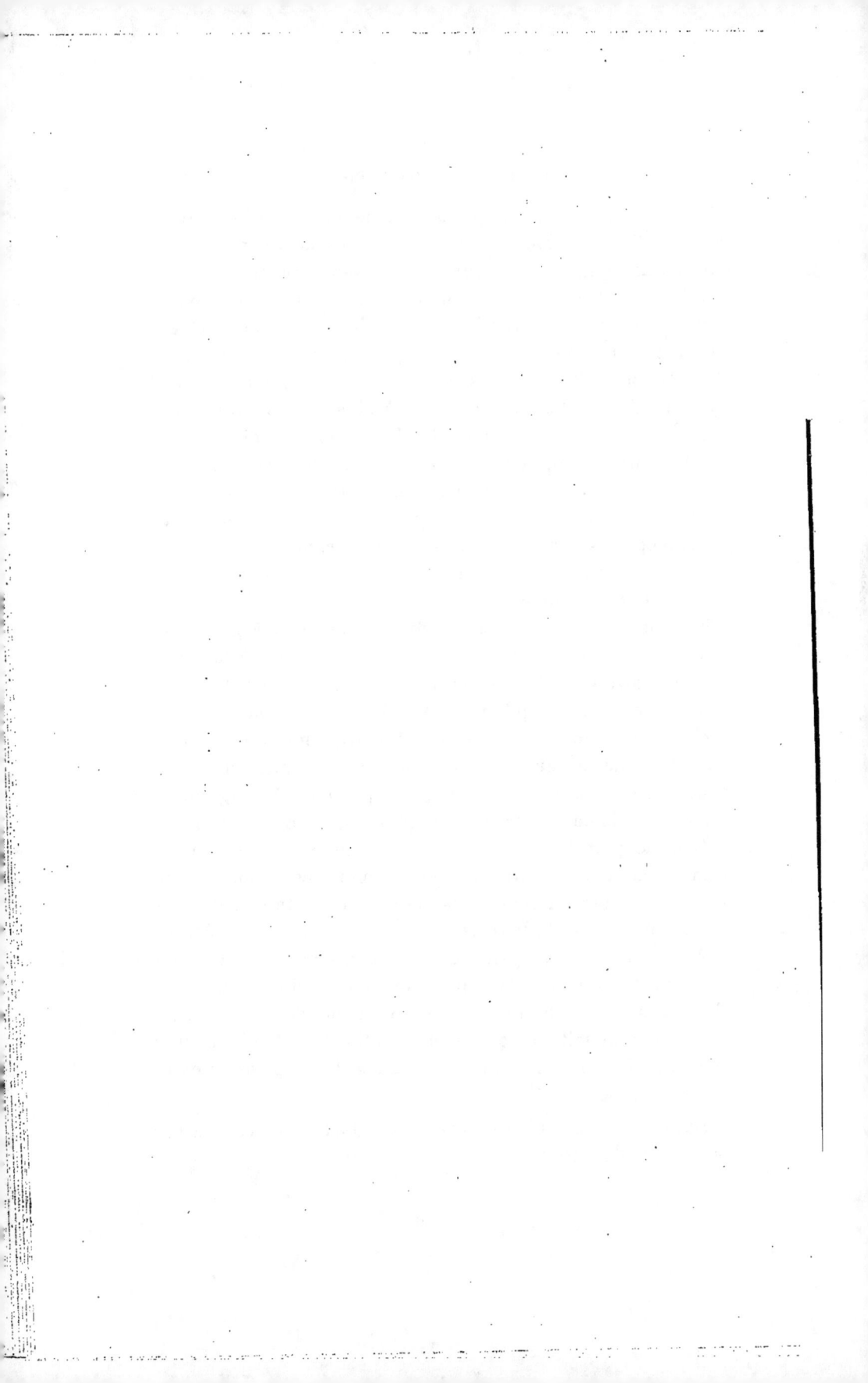

saillant prononcé qui lui permettait de battre le fossé en avant de l'entrée. Elle mesure 14 mètres de diamètre et relie ses 220 degrés de circonférence avec la porte de Rolland III par 6m90 de mur droit et un pan coupé en retour d'équerre homogène avec la tour et collé sur la porte. Une poterne P, sans pont-levis, amortie par un linteau sur corbelets, s'y ouvre à quelques mètres au-dessus d'un fossé aujourd'hui comblé. Son seuil est à plus de 2 mètres au-dessus du niveau de l'esplanade. Un escalier droit de six marches profondes, couvert par des dalles placées en travers sur des corniches profilées en quart de rond et formant trois ressauts successifs, y conduit. Au-dessus de la poterne et sous une fenêtre à linteau, une canonnière carrée surmontée d'une courte mire contribue avec celles de la tour du midi à en défendre l'accès.

En laissant l'escalier à droite on trouve, sur un petit palier J, deux portes dont l'une, à gauche, mène à la salle rectangulaire O de la tour du midi par un couloir U légèrement descendant et qu'une étroite fenêtre m éclaire (1). A droite, dans l'embrasure de cette fenêtre, on a creusé obliquement une longue galerie pour la mousqueterie, sans doute contemporaine des refaçons que j'ai déjà signalées plusieurs fois dans le front nord-est et la porte d'entrée.

Sous le plancher de la salle O se trouve un sous-sol O¹ éclairé par trois embrasures de canonnières. L'une q fait face à l'est et commande les abords de l'entrée, l'autre p est orientée au sud ; la troisième, à l'ouest, r, est coudée et conduit au moineau, petit ouvrage extérieur et bas, en partie ruiné, qui faisait l'unique flanquement du front ouest, d'ailleurs bien défendu par l'escarpement de la vallée. La tour du midi fait de ce côté une saillie trop faible pour y contribuer. Il ne reste que deux pans du revêtement exté-

---

(1) 0m85 × 0m52. Elle était grillée et son seuil est au même niveau que le seuil de la poterne.

rieur de l'ouvrage et l'amorce de son toit, formé par un coude
des assises mêmes du palais, chaque assise taillée en appen-
tis et faisant larmier sur l'assise immédiatement inférieure.
La canonnière du moineau qui, suivant la règle en pareil
cas, atteignait l'assaillant par la droite, affecte une forme
particulière qui, si je ne me trompe, n'a pas encore été
signalée (r) : une ouverture carrée, au-dessous d'une longue
rainure verticale entaillée dans sa partie supérieure, comme

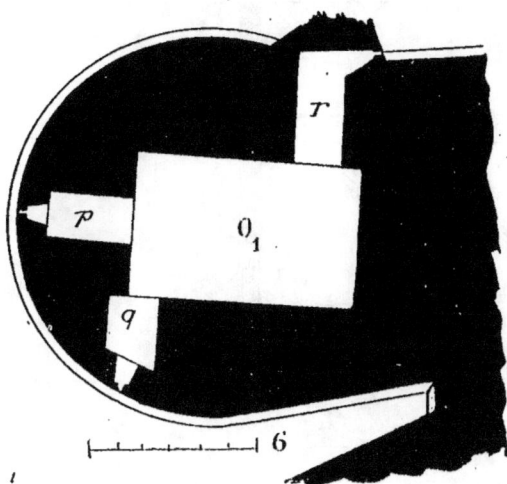

Plan du sous-sol de la tour du midi.

l'étaient les anciennes archères cruciformes pour le tir de
l'arbalète, encore employée au XVIᵉ siècle concurremment
avec l'arquebuse. Les canonnières des deux autres embrasures
p et q sont de ce type, mais de dimensions un peu moin-
dres (1). Les embrasures p et r sont voûtées en berceau

(1) On en observe d'analogues sur les tours de la Grand'Porte de
l'enceinte de Saint-Malo, qu'un ouvrage récent a, soit dit en passant, par
trop rajeunies.

plein cintre, l'embrasure *q* en berceau légèrement brisé.

La salle O du rez-de-chaussée (1), également barlongue et non voûtée, mesure 6 mètres sur 8^m25. Chauffée au nord par une profonde cheminée, elle s'éclaire à l'est et à l'ouest par deux baies rectangulaires (1^m70 × 0^m50) à meneau transversal, au fond d'énormes embrasures voûtées en berceau surbaissé : dans leur allège est ménagée une canon-

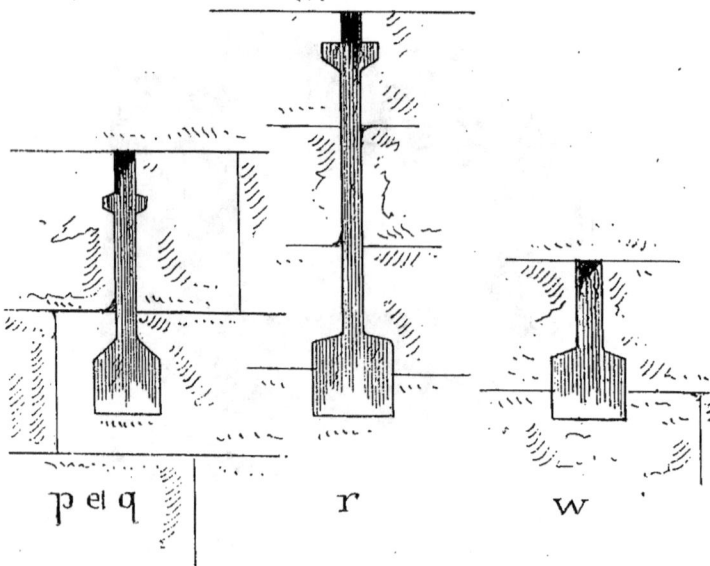

p et q   r   w

Canonnières de la tour du midi.

nière carrée surmontée d'une courte mire sans entaille, *w*. Une porte à linteau échancré en accolade, ouverte dans la paroi nord de l'embrasure sur la vallée, conduit par un couloir droit aux latrines prises avec leur fosse dans l'épaisseur du mur. Une baie rectangulaire, s'ouvrant au-dessus du moineau, éclairait ce couloir.

(1) Voir le plan d'ensemble.

Enfin, au premier étage, une salle semblable, mais chauffée au midi par une cheminée à linteau sur consoles et hotte sur arc de décharge, s'éclaire de la même façon à l'est et à l'ouest. Les fenêtres à meneaux transversaux sont beaucoup plus larges, au fond d'embrasures pareilles garnies de bancs sur les deux flancs et de niches au sud. L'allège du côté du plateau est seule percée d'une canonnière. Une petite porte en accolade conduit aux latrines éclairées sur la vallée par une autre canonnière à longue mire.

Telle est la tour du midi.

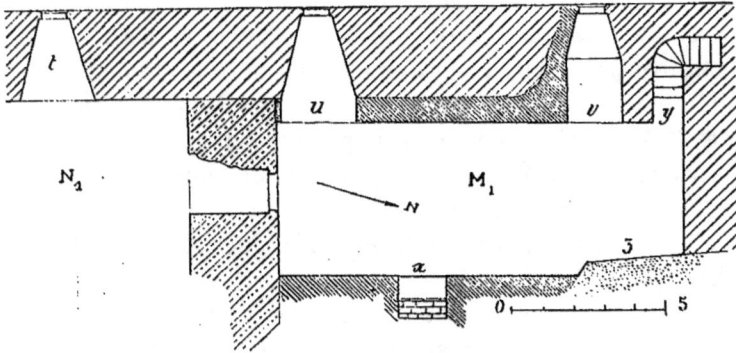

Apparence des collages dans le magasin.

Le corps de logis M N rectangulaire, dont le revers fait l'une des quatre faces de l'esplanade B plus élevée que la basse-cour A, n'a que deux étages. Celui qui correspondait au sous-sol O^1 de la tour du midi est plein. Celui qui, par le palier T, communique avec la salle O, de plain-pied avec la poterne et au niveau du sol de la basse-cour, est lui-même un sous-sol M^1 N^1 par rapport à l'esplanade. Il comprend une première salle N^1 non voûtée, éclairée par une fenêtre t basse, barlongue et grillée au fond d'une embrasure profonde ($3^m 05$), dont l'ébrasement pénètre une voûte en berceau plein cintre. Elle communique avec une grande cave

ou magasin M¹ par un couloir *s* voûté en berceau surbaissé et une porte en arc brisé qui pouvait se barricader à
l'aide d'un madrier dont les mortaises carrées sont conser-
vées dans les parois ruinées du couloir. Le levé du plan et
l'examen des collages semblent indiquer une refaçon qui se
placerait avant l'achèvement de la construction.

La première embrasure *u* du magasin actuel, dont la
partie ébrasée reproduit l'embrasure *t* de la cave non
voûtée N¹, aurait seule appartenu au plan primitif. Le désir
de voûter la nouvelle cave nécessita un collage sur la courtine, extrêmement visible dans l'embrasure *u* augmentée
ainsi de 0ᵐ 80 de partie droite ; mais ce collage ne se
retrouve pas dans la deuxième embrasure *v*, de plan tout
différent (2ᵐ 16 de partie droite), plus étroite (1ᵐ 78 au lieu
de 2ᵐ 43), voûtée en berceau presque plein cintre et par
conséquent postérieure à la première et contemporaine de
la voûte. Celle-ci est un beau berceau surbaissé de plus
de 5 mètres de portée. Les baies barlongues étaient grillées.
Au delà du soupirail *x* qui permettait d'approvisionner
l'esplanade, le parement qui sert de sommier à la voûte
vient buter contre une saillie *z* du mur, appareillée comme
le reste de la construction. Au nord, le mur de fond en
blocage bute à son tour sur cette saillie et supporte la
voûte qui s'interrompt au contraire sur la paroi du sud.
Faut-il rattacher cette saillie au plan modifié par le voû-
tement, ou au château de Rolland III, ou aux fondations
de bâtiments d'habitation plus récents ? C'est une question
à résoudre.

Un escalier coudé *y*, éclairé sur la vallée, fait communiquer ce sous-sol avec l'étage supérieur (niveau de l'esplanade). On débouche ainsi dans la grande salle non voûtée M
dont les trois larges baies (1ᵐ 50 en moyenne), à linteau et
meneau horizontal (1). dominent le ravin et ses pentes

(1) Toutes les fenêtres du château étaient à dormants.

boisées. Un banc de pierre ceignait, sur leurs trois faces, les embrasures à berceau surbaissé, mais la voussure de celle du nord s'est écroulée. Une niche était ménagée dans la paroi de la seconde. Une cheminée, dont le linteau, monolithe et lisse, sur consoles, mesure plus de trois mètres et dont un arc de décharge supportait la hotte, occupe au sud le centre du mur de refend, à travers lequel la porte 1 conduisait à la pièce voisine N. Cette pièce, chauffée au sud, éclairée aussi à l'ouest par une baie pareille à celle de la grande salle, était le *privé* ou chambre à coucher, communiquant, selon l'usage, avec la grande salle et probablement avec la tour du midi. L'écroulement de l'angle sud-ouest ne permet pas de s'en assurer. Une porte en accolade et un couloir coudé conduisaient aux latrines, prises, ainsi que leur fosse, dans l'épaisseur du mur, éclairées par une archère et couvertes en dalles sur corniches en quart de rond.

A l'extérieur, une gargouille écoulait au nord les eaux de l'esplanade.

Enfin, la courtine se relie avec la tour nord-ouest L par un pan coupé très court, faisant corps avec le retour d'équerre de la courtine et collé sur la tour. Au saillant de cet angle trois pierres d'attente indiquent un plan interrompu.

De la façade intérieure de ce beau bâtiment il ne reste qu'une assise à fleur de terre, décorée d'un cordon mouluré en profil de doucine. L'entrée se trouvait à l'angle T du corps de logis adossé à la courtine nord. On y remarque une assise à trois pans, reste probable d'une tourelle d'escalier.

Première enceinte. — L'enceinte A que Jean II entreprit de construire n'est pas, à proprement parler, une basse-cour. Bien que son projet inachevé (1) ait été continué

---

(1) Les pierres de grand appareil ne se retrouvent qu'en petit nombre dans le blocage du XVIe siècle (courtine Z 2, et non ailleurs).

au XVI⁰ siècle sur un plan probablement différent, il semble
que son faible écartement n'aurait pas permis d'y loger tout
ce que renfermait une baille du XIII⁰ siècle. Ce n'est qu'un
ouvrage avancé, destiné à fortifier, comme le dit le texte
de 1473, l'ancien château qui conservait ses défenses vieil-
lies (1). On a vu à quel point sa porte, notamment, était
insuffisante.

Le plan comportait la porte Y, face à l'est, en retour
d'équerre sur une courtine (23ᵐ90) orientée est-ouest et
flanquée de deux tours rondes V et X, dont l'une défendait
aussi les abords de la porte au sud. Une seconde courtine,
dont il n'existe qu'un tronçon, repartait de la porte vers le
nord. Il est impossible de présumer du reste. Encore la
construction fut-elle arrêtée à quelques mètres au-dessus de
la crête des fossés qui devaient les entourer.

Elle a pour caractères généraux le grand appareil, semblable à celui du front ouest, la forte saillie des tours
(220 degrés) encore fermées à la gorge, leur petit diamètre
(7ᵐ50 environ) et la faible épaisseur des murs (courtines :
2ᵐ20 à 2ᵐ30 ; tours : 1ᵐ80 à 2ᵐ40), d'où l'on peut induire un
commandement très bas, la nature des canonnières (ouverture ronde sous une longue rainure verticale) (2) qui ne sont
pas, comme on l'a dit à tort, d'anciennes archères bûchées
après coup, un talus de maçonnerie peu incliné (3), enfin le
plan particulier de la porte.

Celle-ci peut être rattachée au type des portes percées
dans une tour quadrangulaire, ouverte à la gorge et sans
échauguettes, comme on peut y voir apparaître le tracé

(1) Les miniatures du XV⁰ siècle représentent souvent des ouvrages de
ce genre, enceintes basses et peu étendues, protégeant une porte plus
ancienne. Cf. v. g., Bibl. nat., ms. fr. 8266.

(2) Hauteur totale, 1ᵐ25; largeur de la rainure, 0ᵐ07. Les archéologues
ont généralement insisté sur la canonnière à courte mire et passé sous
silence celle-ci, qui est plus rare.

(3) Pente, 8.

polygonal de la période moderne. Un pont-levis à deux bras, dont le tablier relevé s'encastrait dans un tableau ménagé dans la maçonnerie, une ouverture unique amortie par un arc brisé et fermée par une porte, une archère pratiquée dans la paroi à gauche en entrant, enfin une herse à 0ᵐ30 de l'autre extrémité du passage qui a 3ᵐ30 de longueur, telles étaient les défenses, assez rudimentaires, de cette porte, en progrès toutefois, par sa herse, sur le reste du château. Des évidements pour deux madriers carrés sont ménagés dans les flancs à 0ᵐ45 au-dessus du seuil, mais à 2ᵐ08 et 2ᵐ80 en arrière des ressauts de la porte. Autre singularité, ces trous n'ont que quelques centimètres de profondeur, au lieu de la longueur de la barre, comme cela est d'usage pour l'un des côtés. La voûte actuelle en berceau brisé date du XVIᵉ siècle.

De part et d'autre de l'entrée, deux casemates, 5 et 6, voûtées en berceau plein cintre, sont aérées par une canonnière à linteau, du type trou rond et longue fente. Sur le flanc de l'une d'elles, 6, on a pratiqué au siècle suivant une longue meurtrière grossièrement bûchée pour battre du feu de la mousqueterie l'angle mort qui, de ce côté, s'étendait à tout le fossé.

Enfin deux autres casemates, 4 et 7, montrent, au fond d'une embrasure à cinq pans voûtée, la première en berceau surbaissé, la seconde en berceau plein cintre, une petite baie carrée d'environ 0ᵐ55 de côté, encadrée par un large cavet et qui fut peut-être fermée par une dalle mince percée d'un trou avec ou sans mire (1).

Chacune des tours comporte deux canonnières semblables à celles de la porte. Le plan des embrasures seul diffère. Une cinquième, 3, traverse la courtine qui les relie. La salle de

_____

(1) M. E. Lefèvre-Pontalis, dans son cours à l'École des Chartes, a signalé de nouveaux exemples de ces dalles dans les châteaux espagnols de Coca et de Medina del Campo.

A. de La Barre de Nanteuil, phot.

Château de Tonquédec.

Front sud.

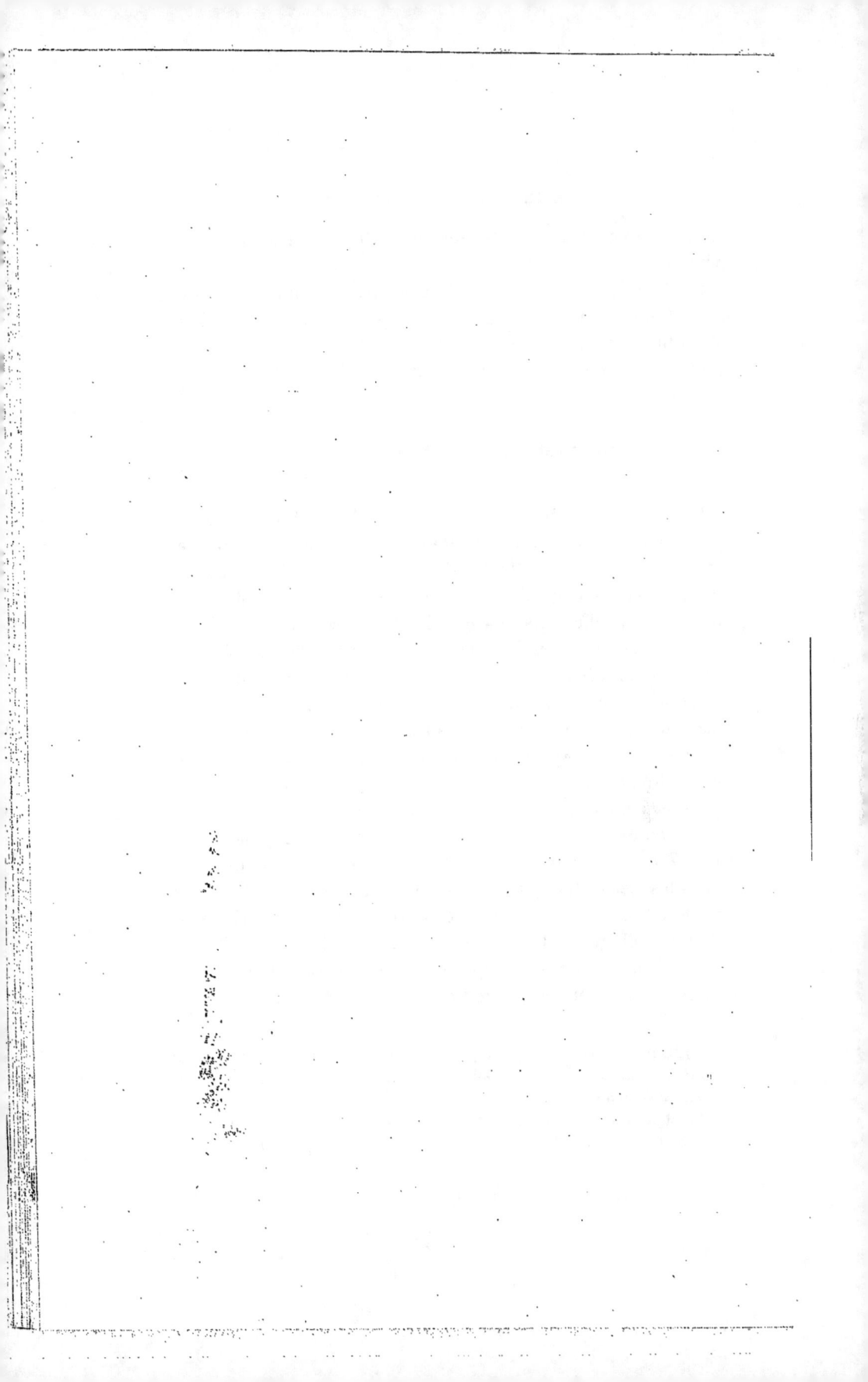

la tour du gardien, V, est hexagone, celle de la tour X pentagone.

Une ancienne inscription, signalée par Freminville comme réemployée au revers de la porte, aurait été selon M. l'abbé Daniel, recteur de Tonquédec en 1842, enlevée vers cette époque par le propriétaire du château (1).

Constructions de Charles Gouyon.

Première enceinte. — L'enceinte de Jean II fut achevée par Charles Gouyon de La Moussaye à une date comprise entre 1577 et 1582. Cette dernière campagne, dont la construction en blocage donne l'apparence d'un travail hâtif, présente en effet certains caractères de ce temps, embrasures de canon à double ébrasement, lignes de feu haute et basse enfilant les fossés (2). Toutefois, les talus, quand ils existent, n'empattent que le pied des murailles et n'affectent pas encore le revêtement tout entier. L'artillerie tire à travers les remparts non terrassés et incapables de résister à un bombardement sérieux. D'ailleurs, il s'agissait de repousser les bandes mal armées de la Ligue.

Du côté de l'ouest, on éleva une courtine et une petite tour Z ouverte à la gorge, collée sur la tour du midi O, et dont les deux étages de feu balayaient le front ouest d'une part et le fossé de la nouvelle courtine de l'autre. Celle-ci, dont le collage sur la tour du gardien V est très net à l'extérieur, était fortement empattée et munie de latrines dans l'angle, avec couloir coudé percé d'une meurtrière.

(1) Registre paroissial de Tonquédec. — L'inscription, mal lue, aurait porté les mots « *Doue, Doue, Doue !* » (Dieu, Dieu, Dieu !) et non « *E va Doue !* » (O mon Dieu !).

(2) M. de La Borderie datait du XVe siècle (règne du duc François II) l'enceinte tout entière.

Les courtines, les tours (1) et la porte de Jean II furent couronnées de l'étage qui leur manquait.

La courtine qui montait vers le nord fut continuée jusqu'à la hauteur de la tour d'angle de l'est à laquelle elle fut rejointe par un retour d'équerre. Deux batteries superposées, chacune de deux embrasures, y furent ménagées pour prendre d'enfilade le fossé du nord-est. La courtine, au

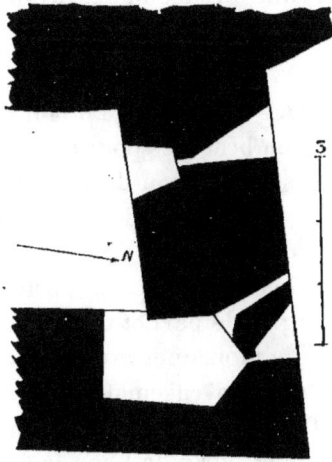

Batterie basse du XVIe siècle
enfilant le fossé du nord-est.

contraire, n'est qu'une ligne haute de feu à six embrasures desservie, comme la batterie supérieure du pan coupé, par une coursive en encorbellement.

(1) Une lithographie de M. F. Benoist, dans la *Bretagne contemporaine...*, *les Côtes-du-Nord*, Paris, 1867, in-f°, représente la tour X ceinte de corbeaux de mâchicoulis. Il est à peine besoin de corriger cette fantaisie, d'ailleurs contredite par un dessin antérieur de la collection Destailleur et par les illustrations de Freminville, *op. cit.*, 1837.

Sous la batterie basse qui fait face au nord, une porte aujourd'hui bouchée s'ouvrait sur le fossé.

Courtines voisines du donjon. — Le donjon, isolé jusqu'ici, fut relié aux tours du nord K et du nord-ouest L par deux courtines basses empattées, en blocage, grossièrement percées, la première de une, la seconde de deux embrasures plongeantes. Ainsi fut formée cette petite cour triangulaire dans laquelle certains archéologues avaient cru voir une troisième enceinte.

Refaçons diverses. — Je crois qu'il faut dater de la même époque les longues embrasures pour tir plongeant qui furent percées, à quelques mètres au-dessus des talus, dans les angles formés par la courtine du nord-est et ses tours de flanquement I, K, dans la tour du nord pour battre le fossé du donjon, dans les tours de la porte de la deuxième enceinte, dans l'angle, de part et d'autre de l'entrée.

Une meurtrière de mousquet n dans le flanc de la tour du midi, une autre dans la casemate 6, également signalées comme refaçons tardives au cours de cette étude, rappellent celles du bastion de la porte de Laon, à Coucy.

BIBLIOGRAPHIE SOMMAIRE. — Barthélemy (Anatole de) et Guimart (Charles) : *Notice sur quelques monuments du département des Côtes-du-Nord*, dans le *Bulletin Monumental*, 2ᵉ série, t. V; Caen, 1849, in-8°, p. 5. — Châtellier (A. du) : *Le château de Tunkedec*, dans le *Bulletin Monumental*, 2ᵉ série, t. IX; Caen, 1853, in-8°, p. 315; — *Le château de Tonquédec*, dans le *Bulletin Monumental*, 4ᵉ série, t. I; Caen, 1865, in-8°, p. 91-93. — Freminville (le chevalier de) : *Antiquités de la Bretagne, Côtes-du-Nord*; Brest, 1837, in-8°, p. 42-48. — Gaultier de Kermoal : *Le château de Tonquédec*, dans la *Revue de Bretagne et de Vendée*, 2ᵉ série, t. VIII; Nantes, 1865, in-8°, p. 188-196; — *Le château de Tonquédec*, dans l'*Annuaire des Côtes-du-Nord*, publié par la Société archéologique du département, 1880, nouvelle série, t. XXX; Saint-Brieuc, 1880, in-12, p. 1-56. — La Bigne-Villeneuve (de) : *Sur les châteaux de Tonquédec, de Coëtmen, de la Hunandaye...*, dans le *Bulletin archéologique de l'Association Bretonne*, t. IV, 1852; Saint-Brieuc, in-8°, p. 146. — La Borderie (Arthur de) : *Les monuments de l'architecture militaire du moyen âge en Bretagne*, dans le *Bulletin archéologique de l'Association Bretonne*, 3e série, t. V, 1885; Saint-Brieuc, in-8°, p. 149-197. — Marcel (Étienne) : *Le Pierrefonds de la Bretagne, le château de Tonquédec (Côtes-du-Nord)*, dans l'*Ami des Monuments et des Arts*, t. VI; Paris, 1892, p. 336, plans.

ERRATA

Page 7, ligne 17, au lieu de *commançant*, lire *commençant*.

Pages 8-9, dans la légende du plan, au lieu de *1400-1450*, lire *1406-1450*.

Pages 8-9, dans la légende du plan, au lieu de *1470-1500*, lire *1474-1500*.

Page 25, ligne 9, au lieu de *dessus,* lire *dessous*.

———

ADDENDUM

Page 8, après la ligne 3, ajouter :

Interruption qui ne date peut-être que des Acigné, car au XVIIe siècle, on donnait leur nom à l'une des tours du château.

www.ingramcontent.com/pod-product-compliance
Lightning Source LLC
LaVergne TN
LVHW020046090426
835510LV00040B/1432